BEI GRIN MACHT SICH IHR WISSEN BEZAHLT

Anne Graefen

Ökologischer Warenkorb und Nachhaltigkeit. Eine Klausurlösung

GRIN Verlag

Bibliografische Information der Deutschen Nationalbibliothek:

Die Deutsche Bibliothek verzeichnet diese Publikation in der Deutschen National-
bibliografie; detaillierte bibliografische Daten sind im Internet über http://dnb.d-
nb.de/ abrufbar.

Dieses Werk sowie alle darin enthaltenen einzelnen Beiträge und Abbildungen
sind urheberrechtlich geschützt. Jede Verwertung, die nicht ausdrücklich vom
Urheberrechtsschutz zugelassen ist, bedarf der vorherigen Zustimmung des Verla-
ges. Das gilt insbesondere für Vervielfältigungen, Bearbeitungen, Übersetzungen,
Mikroverfilmungen, Auswertungen durch Datenbanken und für die Einspeicherung
und Verarbeitung in elektronische Systeme. Alle Rechte, auch die des auszugsweisen
Nachdrucks, der fotomechanischen Wiedergabe (einschließlich Mikrokopie) sowie
der Auswertung durch Datenbanken oder ähnliche Einrichtungen, vorbehalten.

Impressum:

Copyright © 2005 GRIN Verlag GmbH
Druck und Bindung: Books on Demand GmbH, Norderstedt Germany
ISBN: 978-3-656-71471-2

Dieses Buch bei GRIN:

http://www.grin.com/de/e-book/278412/oekologischer-warenkorb-und-nachhaltig-
keit-eine-klausurloesung

GRIN - Your knowledge has value

Der GRIN Verlag publiziert seit 1998 wissenschaftliche Arbeiten von Studenten, Hochschullehrern und anderen Akademikern als eBook und gedrucktes Buch. Die Verlagswebsite www.grin.com ist die ideale Plattform zur Veröffentlichung von Hausarbeiten, Abschlussarbeiten, wissenschaftlichen Aufsätzen, Dissertationen und Fachbüchern.

Besuchen Sie uns im Internet:

http://www.grin.com/

http://www.facebook.com/grincom

http://www.twitter.com/grin_com

ÖW: Ökologischer Warenkorb

N: Nachhaltigkeit

NE: Nachhaltige Entwicklung

NK: Nachhaltiger Konsum

NW: Nachhaltiger Warenkorb

IL: Industrieländer

EL: Entwicklungsländer

Einleitung

Ökologie ist in der Umgangssprache und auch in der Politik ein Begriff, der gleichbedeutend zu Umweltschutz wie auch zum Themenkreis Nachhaltige Entwicklung meist verwendet wird. Seit den 70er Jahren entstanden in vielen Staaten des westlichen Kulturkreises starke Ökologiebewegungen. In Deutschland kam es gegen Ende der 60er Jahre bereits zu einem Bewusstseinswandel der jungen Generation. Protestiert wurde gegen unbegrenztes Wirtschaftswachstum trotz begrenzter Ressourcen, gegen Umweltverschmutzung, Friedensgefährdung und Arbeitslosigkeit. Gefordert wurden ein ethisch verantwortungsvoller Konsum und eine zukunftsgerichtete Verbraucherpolitik. Die Generation der 68er verzichtete auf teure Produkte, gesundheitsschädliche und umweltgefährdende Güter und gab dem Immateriellen im Sinn einer umweltbewussten und sozial gerechten Lebensweise den Vorzug. Die reformerischen Ziele schlugen sich in einem „alternativen" (ökologischen) Lebensstil nieder, den man heute als mit gewisser Vorsicht als „nachhaltigen Lebensstil" bezeichnen könnte, ohne dass davon damals schon die Rede war.

Zu Beginn meiner Arbeit möchte ich aufzeigen wie es zu einem verstärkten Umweltbewusstsein kam, welches bisher jedoch nur in seltenen Fällen mit einem entsprechenden Handeln einhergeht. Anschließend geht es um die Steuerinstrumente mit dem Ziel „umweltbewusstes Verhalten", wobei dem Konsumenten ein hoher Stellenwert eingeräumt wird. Seine Einflüsse auf die Ökologie werden im nachfolgenden Kapitel dargestellt, bevor ich auf den ÖW (Verbraucherverbände, 90er Jahre) als Indikator für öko-intelligenten Verbrauch eingehe. Diesen Komplex möchte ich mit einer Kritik beenden und darauf aufbauend aufzeigen, wie sich diese Überlegungen in Richtung Nachhaltigkeit weiterentwickelt haben: Wie es zu dem Begriff der „Nachhaltigkeit" kam, was genau darunter zu verstehen ist und welche Ziele mit dem Prinzip der Nachhaltigkeit verfolgt werden. Vergleichend zum ÖW stelle ich anschließend den NW (Rat für Nachhaltigkeit, 2002), ein Instrument des NK, vor und stelle Unterschiede und Gemeinsamkeiten dar.

Umweltbewusstsein und Umweltverhalten

Umweltschutz gilt in Deutschland laut Umfragen mehrheitlich als wichtiges Anliegen Mitte der 80er Jahre kletterte der Umweltschutz auf Platz 1 der Rangliste der aktuell bedeutsamsten politischen Probleme, im Jahr 2004 hielten 92 % der Bevölkerung den Umweltschutz für eine wichtige politische Aufgabe. Dennoch korrelieren Umweltbewusstsein und Umweltverhalten im Alltag nur gering miteinander. Aufgrund der Vielfalt und Individualität der Lebensstile folgt, dass es den ökologischen Lebensstil nicht gibt. Umweltschutz ist ein anerkanntes Anliegen in der Gesellschaft, aber ein hohes Umweltbewusstsein ist kein Indikator für konsequentes ökologisches Konsumverhalten.

Der Rat von Sachverständigen für Umweltfragen definierte schon 1978 Umweltbewusstsein als „Einsichten in die Gefährdungen der natürlichen Lebensgrundlagen des Menschen durch diesen selbst" und als „Bereitschaft zur Abhilfe". Heute ist die Begriffsbestimmung differenzierter und unterscheidet zwischen Wissen, Einstellungen und Verhaltensintentionen auf der einen und dem tatsächlichen Umweltverhalten auf der anderen Seite. Es gibt verschiedene Gründe für dieses Auseinanderklaffen, aber keine einheitliche Theorie. Auch die Low-Cost-These von Andreas Diekmann greift nicht immer, denn umweltfreundliches Verhalten kann auch häufig mit Ersparnissen verbunden sein (z.B. Strom sparen, Isolierung undichter Fenster etc.). Weitere Ursachen für ein nicht umweltgerechtes Verhalten sind der persönliche Lebensstil (was ist gerade „in"?), Streben nach Wohlbefinden, Alltagsroutine

Das „multioptionale" Konsumverhalten lässt einem die Freiheit soviel Umweltschutz zu vollziehen, wie es eben gerade passt. Es wird flexibler und widersprüchlicher gehandelt als noch vor einigen Jahrzehnten (vgl. Kuckartz).

Die Verbraucherverbände verfolgen eine Strategie den Konsum qualitativ zu verbessern (hin zum homo oecologicus) seit Anfang der 80er Jahre. Dieses Ziel steht in Zusammenhang mit einer ökologisch verträglichen und sozial-gerechten Wirtschaftsweise.

Steuerinstrumente mit dem Ziel „Umweltbewusstes Verhalten"

Aus internationaler Sicht ist hauptsächlich der Staat Motor, Akteur, Kontrolleur und Indikator; in Deutschland das Bundesumweltministerium und nicht zuletzt die Bundesregierung. Der starke Zusammenhang zwischen staatlicher Umweltpolitik und Umweltbewusstsein ist offenkundig, allerdings kann weder eine ökologische Verantwortung noch eine NE einfach vom Staat verordnet werden, sondern alle Bürger, sind gefragt, ihren Teil zu einem Erfolg beizutragen, weil sie durch ihren Lebensstil und ihre Konsumgewohnheiten sehr direkten Einfluss auf die Produktionsbedingungen und damit auch auf die Umwelt haben. Privathaushalte sind in Deutschland z.B. für mehr als ein Viertel aller Treibhausgasemissionen verantwortlich. Der Staat hat zwar weitreichende, aber gleichzeitig in Bezug auf den Handlungsspielraum der Individuen begrenzte Mittel und Möglichkeiten. Wirksame Umweltpolitik sollte alle drei Formen von Umweltbewusstsein (Akzeptanz, Resonanz und Engagement) ins Kalkül ziehen und ihre Steuerungsmaßnahmen darauf abstellen.

Auswirkungen des Konsums privater Haushalte auf die Ökologie

Der Verbraucher ist also ein wichtiger Akteur im Hinblick auf die ökologischen Folgen. Die Effekte von Konsumentscheidungen auf Hersteller und Herstellungsbedingungen sind vielfältig und kaum durchschaubar. Für die Produktionsbedingungen ist der Verbraucher i.e.S. nicht verantwortlich, vermieden werden könnte jedoch ein häufig bedenkenloser Massen- und Verschwendungskonsum, der weit über den eigenen Bedarf hinausgeht. „Etwa die Hälfte der gesamten Umweltbelastung ist Folge von umweltschädigendem Konsum, . . ." (Öko-Lexikon).

    a) Konsum i.e.S.: Einkauf, Ge- und Verbrauch von Waren und Dienstleistungen, Entsorgung

    b) Konsum i.w.S.: auch Verbrauch von Energie und Wasser, Mobilitäts- und Freizeitverhalten

Zu a) Konsument nimmt mehr oder weniger bewusst die Folgen der Stoffströme in Kauf, die untrennbar mit seinem Konsum zusammenhängen: Rohstoffgewinnung, Transport, Herstellung und Verpackung, Transport, Handel und Verkauf, Transport, Gebrauch/Verbrauch, Entsorgung (einschließlich Transport).

Trends der Wohlstandgesellschaften: immer schnellerer Austausch scheinbar veralteter Produkte, Modehörigkeit, relativ starke Nachfrage nach relativen Luxusartikeln (Südfrüchte, tropische Fische, Kaffee), Überbetonung der Nachfrage nach elektronischen Erzeugnissen (rohstoff-, schadstoff- und energieintensiv).

Zu b) Die Anzahl der Personen pro Haushalt wird kleiner, aber mehr Platz wird beansprucht (Energieeffizienz). Der Energieverbrauch steigt trotz effizienter Geräte, Wasserverbrauch für persönliche Hygiene und die im Haushalt zzgl. Gartenbewässerung. Die Ansprüche an die individuelle Mobilität und jährliche km-Leistung wächst. Es gibt größere und schwerere Kfz mit vglw. hohem Verbrauch. Auch das Freizeitverhalten ist auf Konsum ausgerichtet und energieintensiver; v.a. Flugreisen sind problematisch.

Insgesamt ist der Umsatz an Waren und Dienstleistungen pro Person sehr hoch; damit auch der persönlich zu verantwortende Umsatz an Energie, Rohstoffen, Schadstoffen, Abgasen und Wasserverbrauch, inklusive der Müllproduktion (-ausstoß).

Ökologischer Warenkorb

Abgeleitet von der Strategie/Leitvorstellung des „Qualitativen Konsums" haben die Verbraucherverbände 1997 in Anlehnung an den Statistischen Warenkorb des Statistischen Bundesamtes das bedarfsorientierte Konzept des ÖW entwickelt. Es dient als Indikator für öko-intelligenten Verbrauch. Neu war die Idee des Warenkorbs anstelle der Konzentration auf Einzelprodukte. Das Prinzip der Nachhaltigkeit wurde dabei als selbstverständlicher Referenzrahmen vorausgesetzt.

Kriterien des ÖW:

1. Ressourceneffizienz (-schonung)
2. Energieeffizienz (Energieeinsparung, Kostensenkung)
3. Abfallvermeidung
4. Gesundheitsverträglichkeit
5. Langlebigkeit (Dauerhaftigkeit, Wiederverwendbarkeit, Reparaturfreundlichkeit)
6. Suffizienzbeitrag (suffizient: lat. genügend, ausreichend: Bedürfnisbefriedigung)

Jedes Kriterium kann einen Skalenwert zwischen 1 (sehr schlecht) und 5 (sehr gut) annehmen. Dabei wird für die konventionellen Produkte des Stat. W ein Skalenwert von jeweils 2 (pro Kriterium) angenommen (= insg. 12), der dann mit dem Skalenwert eines 2. Produkts verglichen werden soll. Ist der Summenwert höher als 12, handelt es sich um ein Produkt des ÖW.

Daraus lässt sich nun auch der <u>Öko-Index</u> berechnen.

<u>Ziel</u>: Vergleich des Grads der Kriterienerfüllung verschiedener Warenkörbe

<u>Formel</u>: Summenwert des ÖW durch Summenwert des konventionellen W mal 100

Konventioneller W: 100% Öko-Index

ÖW: größer als 100%

Idealer ÖW: 250% (30 : 12 x 100 = 250)

Als <u>Messwerte</u> wurden möglichst aussagefähige bzw. -kräftige Daten herangezogen: z.B. Produktlinienanalyse, Ökobilanzen des Umweltbundesamtes, Materialintensitätsrechnungen, toxikologische Profile u.ä.

<u>Beispiele für noch ungelöste Probleme bei der Entwicklung und Anwendung der Kriterien</u>:

- Auswahl und Anzahl der Kriterien
- Überschneidung und Gewichtung von Kriterien
- Entscheidung für einen Skalenwert nach Beschreibung der Datenlage

Beispiel: Allgemeine Empfehlungen für den Kauf von Lebensmitteln in Hinblick auf ökologischen Konsum und die oben genannten Kriterien:

- <u>Saisonales und regionales Obst und Gemüse</u> kaufen: Das verkürzt die Transportwege und reduziert die Abgase
- <u>Getränke aus der Region:</u> (s.o.)
- Nahrungsmittel aus <u>biologischem Anbau</u> bevorzugen: gesünder
- Waren mit <u>geringer Verarbeitungstiefe</u> (keine Fertiggerichte, sondern frisch zubereitetes Essen) bevorzugen: Sie verringern Emissionen und den Energie- und Rohstoffverbrauch
- Produkte mit <u>wenig Verpackung</u> schonen die Umwelt, <u>Mehrwegverpackungen</u> benutzen: Abfallvermeidung

- Für Vielfalt im Speiseplan sorgen: <u>Fleisch</u> ausgewählt sowie <u>verantwortungsvoll</u> konsumieren und öfters durch Gemüse und pflanzliche Nahrungsmittel ersetzen.
- Wenn Fleischprodukte gekauft werden, dann auf <u>artgerechte Tierhaltung</u> achten.
- <u>Wasser-Aufbereiter</u> für den Haushalt anschaffen.

<u>Zielkonflikte</u> treten in folgenden Bereichen auf:

1. Produkte mit geringer Verarbeitungstiefe bedeuten Mehrarbeit im Haushalt. Davon sind meist die Frauen betroffen. Möglichst Gemeinschaftsaufgabe für alle Haushaltsmitglieder.
2. Bezug von LM direkt vom Bio-Hof: erhöhter Zeitaufwand, Verkehr, Schadstoffemission, erhöhter Energieverbrauch
3. Verzehr von Seefisch aus ernährungsphysiologischer Sicht empfohlen, widerspricht jedoch der Erhaltung der Artenvielfalt

Kritik

Die Unwissenheit über umweltschonende Produkte und ihre Vorteile ist noch immer sehr groß. Viele wünschen sich, dass auf allen Produkten gekennzeichnet ist, wie viel „Umwelt" in ihnen steckt. So könnten alle Produkte z.B. mit dem Ökoindex versehen werden.

Im ÖW werden fast ausschließlich die Auswirkungen auf die Umwelt berücksichtigt, während der ökonomische und soziale Bereich nicht ausdrücklich erwähnt wird. Konkrete Handlungsvorschläge wurden nicht unterbreitet, sondern er diente vielmehr als theoretisches Konstrukt, welches ideologische Fragen aufwirft und dem NW als **Vorlage** dienen könnte/hätte dienen können. Als konkrete Einkaufshilfe halte ich ihn für <u>zu kompliziert</u> und deshalb für eher ungeeignet, weil zu wenige Informationen vorliegen (äußere Barrieren: keine Nennung geeigneter Labels / Siegel, Mangel an konkreten Vorschlägen). Der ÖW weist jedoch darauf hin wie wichtig es ist bewusst zu konsumieren und damit Entscheidungen zu treffen. <u>Der ökologische Warenkorb ist der Bevölkerung nicht bekannt und wurde bereits vom NW abgelöst.</u> Es mangelt noch an Aufklärung und Informationsvermittlung. Dort sollte die Schule schon früh im Arbeitslehreunterricht ansetzen, aber es ist auch die Aufgabe der Regierung.

Häufig sind zudem <u>innere Barrieren</u> wie z.b. eingefahrene Konsumgewohnheiten, übertriebene Bequemlichkeitsorientierung oder die Vermutung NK sei teurer (nicht ohne weiteres nachweisbar) vorhanden. Vielen Menschen fehlt das Bewusstsein zwischen persönlichem Verhalten und sowohl ökologischen als auch sozialen Schäden und sie haben die Betroffenheit des Einzelnen noch nicht realisiert (steigende Lebenshaltungskosten, Ressourcenknappheit etc.)

Definition, Ursprung und Entwicklung des Begriffes Nachhaltigkeit

Heute wird N als Übersetzung für den englischen Begriff der *sustainability* (Nachhaltigkeit) bzw. des *sustainable development* (Nachhaltige Entwicklung: NE) verwendet. Der deutsche Begriff der N stammt ursprünglich aus der <u>Forstwirtschaft</u> (nach Hans Carl von Carlowitz um 1713): Es wird nicht mehr Holz geerntet als nachwachsen kann; Kahlschlag sollte vermieden und Fortbestand gesichert werden. Die an den <u>Club of Rome</u> gerichtete Studie „Grenzen des Wachstums" (1972) gilt als Urstudie der NE, wobei der Begriff erst im <u>Brundtlandreport</u> von 1987 veröffentlicht wurde: Unter NE versteht man „eine Entwicklung die den Bedürfnissen der heutigen Generation entspricht, ohne die Möglichkeiten zukünftiger Generationen zu gefährden, ihre Bedürfnisse zu befriedigen." Bisher getrennt betrachtete Probleme wurden in einem <u>Wirkungsgeflecht</u> betrachtet. Diese Herangehensweise galt bereits als Vorbereitung für die UN-Konferenz für Umwelt und Entwicklung (UNCED) in <u>Rio de Janeiro (1992)</u>, in der die drei Dimensionen der N entstanden, auf die ich im nächsten Abschnitt eingehen werde. Das Prinzip der N und das Konzept der NE bilden seitdem das <u>Leitbild der internationalen Umwelt- und Entwicklungspolitik.</u> Es umfasst mehr als nur den ökologischen Aspekt, sondern vereint die ökonomische, ökologische und soziale Dimension. Bestätigt wurde dieser Ansatz in der <u>Agenda 21,</u> dem Resultat der Konferenz. Es handelt sich dabei um ein globales Aktionsprogramm mit sehr detaillierten Handlungsaufträgen an die Regierung der Staaten zum Schutz der natürlichen Umwelt für das 21. Jhd. Es wurde nämlich deutlich, dass die globalen Probleme ein <u>gemeinsames Handeln</u> erfordern. Die Strategien können auf nationaler (Bundesregierung, 2002: „Perspektiven für Deutschland", 21 Indikatoren für Nachhaltigkeit), regionaler und lokaler Ebene

(Stadtleitbild, Stadtentwicklungsplan, -projekte, -programm; z.B. Stadt Neumarkt in der Oberpfalz) durch ein eigens aufgestelltes Aktionsprogramm verfolgt werden (vgl. wikipedia). Weil die Vereinbarungen jedoch nicht verpflichtend sind, wurden die Vorschläge bisher nur sehr schleppend umgesetzt, so dass das Thema N in weiten Teilen auf der Expertenebene verweilt. Der Verbraucher wurde ins Visier der Umwelt- und Entwicklungspolitik gerückt, was auch im Beschluss der nationalen Nachhaltigkeitsstrategie der Bundesregierung (2002) in Zusammenarbeit mit dem 2001 einberufenen Rat für Nachhaltige Entwicklung und in dem Projekt „Nachhaltiger Warenkorb" (2002) deutlich wurde und in die Verabschiedung eines zusätzlichen Aktionsplans auf dem Weltgipfel für NE (Johannesburg 2002) mit einfloss. Vollzogen wurde ein Paradigmenwechsel zur N-Strategie, d.h. N als strategische Aufgabe verstanden. Deutschland legte 2004 einen ersten Fortschrittsbericht vor, auf den ich in Zusammenhang mit den einzelnen Indikatoren später noch eingehen möchte.

Bei der NE handelt es sich um ein sehr komplexes Konstrukt, mit dem sich seit einiger Zeit sogar eine N-Wissenschaft und eine N-Forschung beschäftigen. Grob betrachtet, steht der Begriff im Gegensatz zur Verschwendung und kurzfristigen Plünderung von Ressourcen. Im Mittelpunkt stehen ein bedürfnisorientiertes anthropozentrisches Weltbild und die Leitbilder wie Generationsgerechtigkeit, Lebensqualität, sozialer Zusammenhalt und globale Verantwortung. Es geht um einen verantwortungsvollen Umgang mit Ressourcen, der auch an zukünftigen Entwicklungen und Generationen orientiert ist. N bedeutet, vom Ertrag und nicht von der Substanz zu leben.

N ist das Ziel einer NE. NE dagegen der Prozess, welcher zu diesem Ziel führt. Vereinfacht und konkret ausgedrückt: Die dauerhafte Existenzfähigkeit der Erde und Ökosysteme ohne Grenzüberschreitung ist zusammen mit der Erfüllung der Grundbedürfnisse aller Menschen und zukünftiger Generationen das eigentliche **Ziel** von N. Der Weg hierhin ist die NE aller Bereiche.

Die drei Säulen/Dimensionen der NE sind:

Ökologie: langfristige Sicherung natürlicher Lebensgrundlage durch Ressourcenschonung, geringe Abfallmengen, Erhalt der Ökosysteme, geringe Luftverschmutzung, Umwelt- und Klimaschutzmaßnahmen; Kreislaufgerechtigkeit

Ökonomie: wirtschaftliche Stabilität / Wachstum - national und international, Sicherung angemessener Bedürfnisbefriedigung, Beschäftigung, Kapitalerhaltung

<u>Soziales</u>: Kultur und Gesellschaft: intra- und intergenerative Gerechtigkeit, Gleichberechtigung der Geschlechter

Über diesen drei Säulen steht die globale Verantwortung als <u>Leitidee</u>, welche berücksichtigt werden muss, um langfristig eine angemessene Lebensqualität für <u>alle</u> Menschen anzustreben.

Um die drei Dimensionen unter einen Hut zu bekommen, müssen <u>Zielkonflikte</u> ausgetragen und Einschränkungen in den Zielen aller eng miteinander verknüpften Dimensionen hingenommen werden.

Über das mehrdimensionale Konstrukt lässt sich demnach diskutieren. Je nach Betrachtungsweise lassen sich die einzelnen Dimensionen nämlich unterschiedlich auslegen.

Nachhaltiger Konsum

Der Verbraucher ist nicht nur in Hinblick auf die ökologischen Folgen, sondern auch in Hinblick auf die N ein wichtiger Akteur. Das Problem bleibt bestehen: Während der <u>Konsum</u> größtenteils unter dem Gesetz der <u>Gegenwartspräferenz</u> steht, ist eine <u>ökologische bzw.</u> <u>nachhaltige Wirtschaftsweise</u> dagegen <u>zukunftsorientiert</u>. NK bedeutet in diesem Zusammenhang, seine jetzigen Bedürfnisse zu befriedigen, aber auch die ökologischen, ökonomischen und sozialen Folgen der Produktentscheidung im Hinblick auf die Zukunft zu überdenken.

Der „Nachhaltige Warenkorb", auf den ich im folgenden Abschnitt näher eingehen werde, soll den Konsumenten als Einkaufs- bzw. Entscheidungshilfe dienen und zu einem nachhaltigkeitsbewussten Handeln motivieren.

„Nachhaltiger Warenkorb"
(Rat für Nachhaltige Entwicklung)

Der Rat für Nachhaltige Entwicklung hat im Jahr 2002 in Hinblick auf einen ethisch verantwortungsvollen Konsum und eine zukunftsgerichtete Verbraucherpolitik das imug (Institut für Markt Umwelt Gesellschaft) beauftragt, in Anlehnung an den Statistischen Warenkorb einen „Nachhaltigen Warenkorb" (NW) zu erstellen, der für möglichst viele Produktgruppen Produkt- und DL-Alternativen in einem Katalog zusammenstellt, die der Nutzenstiftung dienen und gleichzeitig einen relativen ökologischen oder sozialen Vorteil gegenüber anderen vergleichbaren Produkten aufweisen.

Im NW finden sich folgende Bereiche wieder: Lebensmittel, Textilien und Bekleidung, Wohnen und Haushalt, Mobilität, Tourismus und Finanzdienstleistungen. In der überarbeiteten Broschüre des Rats für NE werden die Bereiche Reinigung und Pflege, Freizeit, Unterhaltung und Kommunikation mit aufgegriffen. Es ist allerdings nicht gedacht, dass man sich bedenkenlos aus dem NW bedient, sondern es sollte auch darauf geachtet werden, wie sich die Produkte verwenden und entsorgen lassen, ob man die Produkte zur Steigerung der eigenen Lebensqualität wirklich benötigt (vgl. auch hier Suffizienzstrategie) und welchen individuellen Beitrag man zur Verstärkung einer nachhaltigen Wirtschaftsweise leisten will (vgl. imug).

Ziel/Funktion

Der NW wird von der Bundesregierung unterstützt. Er hat eine kommunikative Funktion, gibt Anregungen, Hilfestellungen und Infos und soll den Verbrauchern als Entscheidungshilfe dienen. Nützlichkeit, Nutzbarkeit und Nutzung müssen auch aus Sicht der Konsumenten und aus Sicht der Nachhaltigkeit sicher gestellt sein (vgl. imug). Der NW ist ein Instrument des NK; der NK ein Bereich nachhaltiger Konsum- und Produktionsstrukturen und diese wiederum ein Teilgebiet NE.

Bei der Konzipierung des nachhaltigen Warenkorbs ist die Orientierung an den drei Dimensionen der Nachhaltigkeit sinnvoll, auch wenn diesen eine unterschiedliche Bedeutung eingeräumt wird: So liegen über ökologische Produktqualitäten wesentlich mehr Informationen vor als über soziale Faktoren. Der NW greift auf bereits bestehende Informationsinstrumente (Label, Siegel, Gütezeichen) zurück, die jeweils nur Teilaspekte der Nachhaltigkeit berücksichtigen, aber in der Summe hilfreiche Informationen liefern (Anforderungen: Unabhängigkeit des Produzenten der Information; Überprüfbarkeit, Nachvollziehbarkeit und Transparenz der Bewertung; bundesweiter Verbreitungsgrad und praktische Anwendbarkeit; Sichtbarkeit, Klarheit und Verständlichkeit) (vgl. imug). Labels und Gütezeichen sind wissenschaftlich nicht tolerierbar, aber sie dienen als Schlüsselinformationen und sind alltagstauglich und benutzerfreundlich.

Folgende Faktoren sollen bezogen auf den NW einen positiven Beitrag zur Nachhaltigkeit liefern:

In Bezug auf die ökonomische Dimension:

- Hohe Nutzenstiftung zu vertretbaren Preisen und Folgekosten (Überschneidung mit der ökologischen D.: geringer Energieverbrauch, leichte

Reparaturfähigkeit; mit der soz. D.: Auswirkung auf regionale Wirtschaftsstrukturen, Sicherung von Arbeitsplätzen)
- „Vorsorgeprinzip" (auch im Zweifelsfall) zugunsten von Sicherheits- und Gesundheitsinteressen des Konsumenten
- Entscheidungshilfe: Such- und Erfahrungseigenschaften der Beurteilung durch den Verbraucher und Infos von z.B. Stiftung Warentest, Verbraucherverbände

In Bezug auf die ökologische Dimension:
- Ökologischer Vorteil gegenüber anderen Produkten (Anforderungen: geringe Material- und Energieintensität bei hoher Nutzenintensität, Minimierung des Landverbrauchs pro Einheit Produkt/DL, Eliminierung des Ausstoßes von Gefahrstoffen, maximaler Anteil an erneuerbaren Ressourcen)
- „Vorsorgeprinzip" (auch im Zweifelsfall) zugunsten des Umweltschutzes
- Entscheidungshilfe: Unternehmenstests, Ökotest, Ökobilanzen, Unabhängige Ökolabel (Ökosiegel u.ä.), Energieverbrauchslabel

In Bezug auf die soziale Dimension
- Makroebene: Faire Welthandelsbeziehungen
- Mikroebene: fair gehandelte Produkte (mit möglichst hohem Anteil an der Wertschöpfung in Entwicklungsländern)
- Soziale Vorteile auf der regionalen oder nationalen Ebene: Chancengleichheit, Schaffung von Arbeitsplätzen, Arbeitsschutz, angemessener Lohn, Integration und Förderung von behinderten Menschen, qualifizierte Frauenförderung
- Negatives Ausgrenzungskriterium: kein Verstoß gegen international anerkannte Sozialstandards: z.B. keine Kinderarbeit
- Entscheidungshilfe: Unternehmenstests, unabhängige Soziallabel: z.B. Fair Trade Labels

Wer z.B. nachhaltig verreisen will, sollte auf Folgendes achten (vgl. ÖW):

- Ökologisch ausgerichtete und ausgezeichnete Hotels und Pensionen buchen
- Faire Bezahlung der im Gastland beanspruchten Dienstleistungen
- Urlaub in der näheren Umgebung anstatt ausschließlich Fernreisen
- Bei Fernreisen längere Aufenthalte vor Ort
- Nutzung umweltfreundlicher Verkehrsmittel (Bus, Bahn, Fahrrad, etc.)
- Respekt vor den Sitten und Moralvorstellungen des gastgebenden Landes

- Kennzeichen und Informationsquellen: Stiftung Warentest, Viabono, Fahrtziel-Natur, VISIT

Kritik/Fazit

Von dem Ziel des kollektiven nachhaltigen Handelns sind wir noch weit entfernt und ob wir diesen Strukturwandel jemals erreichen werden, wage ich zu bezweifeln, aber wir sollten und müssen jetzt und in naher Zukunft weiter daran arbeiten, bevor die Grenzen des Wachstums überschritten sind (vgl. „Die neuen Grenzen des Wachstums", 1992). Gerade aufgrund unserer jetzigen weltweiten Situation und den Zukunftsprognosen, wenn wir so weiter machen wie bisher (Bevölkerungswachstum bis 2050 auf ca. 10 Milliarden, Steigerung der CO_2 Emissionen, erhöhter Ressourcenverbrauch – in den IL 7 x höher als in den EL, Überschuldung der öffentlichen Haushalte, hohe Arbeitslosigkeit, Überfischung und Verschmutzung der Weltmeere, Verlust von Arten, Zunahme der Verarmung, Verschuldung und der Unterernährung in den EL, gravierende anthropogen bedingte Wärmeveränderung etc.) halte ich eine NE für unumgänglich, damit irreparable Schäden gemindert werden können, den nachfolgenden Generationen ihre Lebensgrundlage erhalten bleibt und sie ihre Bedürfnisse befriedigen können. Einige Schritte in die richtige Richtung wurden bereits unternommen, dennoch muss auf Seiten der Politik, aber vor allem auch auf Seiten der Verbraucher (Nachfrage bestimmt das Angebot), sowohl ein Bewusstseinswandel vollzogen als auch nachhaltig gehandelt werden. Meiner Auffassung nach ist es schwierig festzulegen, wann ein optimales Maß an Nachhaltigkeit erreicht ist, aber je mehr Menschen (Privatpersonen, Unternehmer, Gewerkschaftler, Politiker) sich mit der Thematik auseinandersetzen und anfangen, die Auswirkungen ihres Handelns/Konsumierens zu überdenken und im Rahmen ihrer Möglichkeiten bewusste Entscheidungen im Hinblick auf Nachhaltigkeit zu treffen, desto schneller gelangen wir voran auf dem Weg in Richtung „homo sustinens". Bis dahin müssen allerdings noch einige Barrieren überwunden werden, auf die ich im Folgenden kurz eingehen möchte.

Äußere Barrieren: Obwohl der Begriff "Nachhaltigkeit" in der politischen Auseinandersetzung häufig verwendet wird, ist er nur wenig aus der wissenschaftlichen Diskussion herausgetreten und vielen Menschen noch unbekannt. Nur 13 % der Deutschen konnten im Jahr 2000 überhaupt etwas mit dem Begriff anfangen (vgl. BfU). Es mangelt weiterhin an Aufklärung und Informationsvermittlung von Seiten der Regierung. Bildung spielt dabei eine große

Rolle und so sollte die Schule schon früh im Arbeitslehreunterricht diese Thematik vor allem handlungsorientiert vermitteln und bestenfalls ihr eigenes Schulprofil auch an der Nachhaltigkeit ausrichten (z.B. Anlegen eines Schulgartens, Mülltrennung, Gesunde/Nachhaltige Ernährung, Förderung sozial schwacher Schüler etc.). Das alleine wird aber nicht ausreichen, den Großteil der Bevölkerung aufzuklären. Meine Idee wäre, dass „Nachhaltigkeits-Vertreter" von Haus zu Haus gehen und eine individuelle, an die Bedürfnisse der Menschen angepasste Beratung über NK durchführen. Ein Fragenkatalog, der gleichzeitig Verbesserungsvorschläge aufweist (auch mithilfe des NW), könnte entwickelt und durchgeführt werden. Die Frage der Finanzierung bleibt allerdings noch ungeklärt; möglich wäre eine Mischfinanzierung (staatlich und von Unternehmen, die selbst nachhaltig wirtschaften und für beschlossene nachhaltige Änderungen der Haushalte Rabatte gewährt (z.B. beim Wechsel zum Ökostrom)

Der NW ist ein wichtiges Instrument des NK und bietet eine konkrete Entscheidungshilfe an. Ich halte ihn für nutzbarer als den ÖW, da dem Verbrauche eine Vielzahl von Labels angeboten werden, dennoch ist der Umgang beim täglichen Einkauf nicht ganz einfach. Mit all den Labels und Gütesiegeln muss man sich zunächst auseinandersetzen und deren Aussagekraft und Gewichtung sind nicht einfach nachzuvollziehen. Sie dienen zwar als Schlüsselinhalte schwer verständlicher Sachinformationen, dennoch wird der Konsument durch nichtssagende Begriffe in die Irre geführt und es mangelt ihm an Informationen über die Produktion der Waren. Bisher ist durch die Vielzahl von Güte-Siegeln noch nicht gewährleistet, dass alle Aspekte der Nachhaltigkeit gleichermaßen berücksichtigt werden. Dies bedeutet eine gewaltige Eigeninitiative auf Seiten der Konsumenten. Zu wünschen wäre ein einheitliches staatliches Siegel, das alle Aspekte der Nachhaltigkeit erfüllt und zu einfacheren Entscheidungen führen könnte. Der Rat für Nachhaltigkeit hat sich darüber gewiss schon Gedanken gemacht, aber wenn es so einfach wäre, würde es dieses Siegel wahrscheinlich schon geben. Eine weitere Barriere ist die nicht immer gegebene Verfügbarkeit (räumliches Auseinanderfallen von Arbeit, Wohnen und Freizeit). Dies führt zu längeren Anfahrtswegen und zeitlichen Investitionen, die in die „Berechnung" mit einbezogen werden müssen. Vorteile aufzeigen, Anreize schaffen.

Aber auch innere Barrieren wie z.B. eingefahrene Konsumgewohnheiten, übertriebene Bequemlichkeitsorientierung oder die Vermutung NK sei teurer (nicht ohne weiteres nachweisbar) sind häufig vorhanden. Zudem werden Handlungsvorschläge für einen NE häufig mit gesellschaftl., ökolog. und moralischen Begründungen unterbreitet, statt Fragen des Genuss, der Gesundheit oder der besseren Lebensqualität in den Vordergrund zu rücken. Aufgabe von Staatsseite wäre es, Vorteile aufzuzeigen und Anreize zu schaffen. Solange nur das wirtschaftliche Eigeninteresse als egoistisch, die sozial-ökologische Verantwortung jedoch als altruistisch angesehen wird, wird sich in den nächsten Jahren nicht viel am jetzigen Zustand ändern. Jeder ist sich schließlich selbst am nächsten. Wenn man es jedoch schafft, auch die ökologische und soziale Dimension als Aufwertung des eigenen Lebens zu begreifen, würde man dem Ziel der NE einen Schritt näher kommen. Ein Vorschlag von mir wäre, dass Unternehmen, die Ziele der NE verfolgen, miteinander Verträge schließen, z.B. Einführung eines Rabatts bei der Bahn für den Kauf von Produkten in Bioläden.

Vielen Menschen fehlt das Bewusstsein zwischen persönlichem Verhalten und sowohl ökologischen als auch sozialen Schäden und sie haben die Betroffenheit des Einzelnen noch nicht realisiert (steigende Lebenshaltungskosten, Ressourcenknappheit etc.) Wenn eine direkte Rückkopplung zwischen Güterverbrauch und Umweltproblemen erfahrbar wäre, käme es womöglich zu einem veränderten Konsumverhalten.

Angesichts der Erfahrungen der letzten Jahre (z.B.: Ökosteuer, Umweltabgaben; fehlende Beschränkung der Höchstgeschwindigkeit; veränderte Entfernungs-Pauschale) kann jedoch bezweifelt werden, ob eine breite Zustimmung zu einigen Prinzipien von Nachhaltigkeit bei der Umsetzung in konkrete Politik dann auch mit einer nennenswerten Bereitschaft verbunden wäre, persönliche Belastungen oder Einschränkungen zu akzeptieren.

Eine weitere Voraussetzung für die Umsetzung des Prinzips Nachhaltigkeit wären die entsprechenden Rahmenbedingungen der Politik, Technik und Umweltwissenschaft: z.B. Hemmnisse abbauen, umweltgerechte Mobilität fördern, Öko-Dumping verhindern, Festlegung verbindlicher Mindeststandards im Umweltbereich, Bereitstellung verhaltens- und handlungsrelevanter Konzepte, Umweltbildung etc.

Diese äußerst komplexe Herausforderung führte zudem dazu, dass die begriffliche Klarheit stark gelitten hat. So werden z.B. viele auch interessierte Konsumenten durch Expertenstreits verunsichert und die Abgrenzung zwischen nachhaltigem und ökologischem Konsum ist oftmals unklar. So übt z.B. Klaus Töpfer (Direktor des UN-Umweltprogramms,) übt <u>Kritik an der Ausweitung und Verwendung des Begriffs „Nachhaltigkeit"</u>: "Wenn einem nichts anderes mehr einfällt, spricht man von einer nachhaltigen Entwicklung ...". Der Begriff "Nachhaltigkeit" wird inzwischen sogar missbräuchlich und gegensätzlich zu seinem ursprünglichen Kerninhalt verwendet, z.B. "um beliebige ökonomische Belange gegen die Erfordernisse des Umweltschutzes in Stellung zu bringen" (vgl. Rat der "Ökoweisen").

Wie es in Deutschland mit der NE weitergeht, werden wir in den nächsten Jahren sehen. Im <u>Koalitionsvertrag von CDU und SPD</u> wird die nationale Nachhaltigkeitsstrategie aufgegriffen und soll weiterentwickelt werden. Besonderes Augenmerk gilt dabei

- der gerechteren Ausgestaltung weltweiter Strukturen,
- der weiteren Reform der EU-Entwicklungspolitik,
- der Fortsetzung der Reformen der internationalen Finanzinstitutionen Weltbank und IWF,
- der Stärkung der Verhandlungs- und Umsetzungskapazitäten der EL
- der Verbesserung der Möglichkeiten der EL, eigene Mittel für ihre Entwicklung zu mobilisieren.

Meine persönliche Weiterentwicklung: Bewusstere Konsumentscheidung, vor allem beim Kauf von LM